Valérie Lhomme und Bérengère Abraham

Fotografien von Valérie Lhomme

Selber eingemacht

süsse und salzige Leckereien

Ideen garant zum Genießen

Inhalt

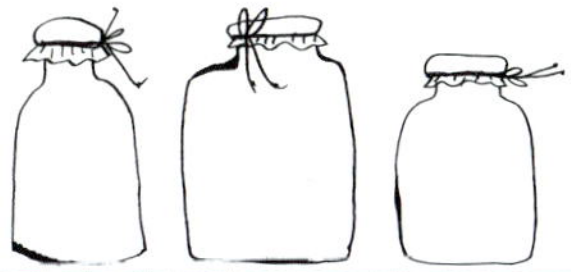

Die Freude an den selbstgefüllten Gläsern

Was für ein Genuss, im Januar eingelegte Pfirsiche zu essen oder Erbsen-Karotten-Gemüse aufzuwärmen, das man im Sommer geerntet, eingelegt und in das Regal eingeräumt hat! Die Kunst, Obst und Gemüse zu konservieren, ist natürlich sehr alt, so verwendet man Salz etwa schon seit Jahrtausenden zur Haltbarmachung von Lebensmitteln. Je nach Region und je nach Säuregehalt der Lebensmittel greift man auf unterschiedliche Arten des Einmachens zurück. Nahrungsmittel mit Säure, wie etwa Obst oder Tomaten, lassen sich leichter konservieren als Fisch oder grünes Gemüse. Aber keine Sorge, hausgemachte Konserven sind ganz einfach herzustellen, dazu bedarf es einiger Handgriffe, die man sorgfältig ausführen muss. Für gute Konserven sollten Sie stets einige Regeln beim Kochen, bei der Sauberkeit und Sterilisation beachten. Wenn Sie diese Regeln befolgen, werden Sie Spaß daran haben, Obst und Gemüse zu kaufen oder anzubauen und zu ernten. Nehmen Sie immer reife und qualitätsvolle Produkte. Das gilt auch für Fisch, er sollte so frisch wie möglich sein und bald nach dem Einkauf oder Fang eingemacht werden. Seien Sie wählerisch und lassen Sie sich von süßen Marmeladen, Pickles in Essig oder Rum-Savarins verführen.

Man könnte meinen, für Konserven reichten einfach ein paar Einmachgläser. Aber für die Zubereitung und Konservierung sind weitere Hilfsmittel nützlich. Zunächst braucht man auf jeden Fall Einmachgläser. Sie finden die Gläser in allen Formen und Größen. Wählen Sie sie passend zu Ihren Konserven und der Menge aus. Nehmen Sie für Fleisch- oder Fischkonserven kleine Gläser. Bügelgläser werden mit einem kleinen Metallring mit Gummi zwischen Glas und Deckel geschlossen. So erhält das Glas einen hermetischen Verschluss. Für Marmeladen verwendet man Gläser mit Metalldeckel oder Bügelgläser. Sie können Marmeladen und Chutneys auch in ältere Gläser füllen und diese mit Paraffin und Cellophan verschließen. Aber auch für andere Konservenarten können Sie Bügelgläser mit Gummiring verwenden. Man sollte wissen, dass die Gummiringe nur einmal

Küchenutensilien

Einmachgläser mit Metalldeckel

benutzt werden können. Legen Sie sie in kochendes Wasser, bevor Sie das Glas damit verschließen und werfen Sie sie weg, wenn Ihre Konserve aufgebraucht ist. Vor dem Befüllen müssen die Gläser mit kochendem Wasser ausgespült werden. Breiten Sie ein sauberes Küchentuch auf der ebenfalls sauberen Arbeitsfläche aus und lassen Sie die Gläser darauf trocknen. Achten Sie stets darauf, dass Sie auf den Etiketten die Zubereitungsweise und das –datum notieren. So wissen Sie immer das Haltbarkeitsdatum. Für die Hitzebehandlung Ihrer Konserven benötigen Sie einen Einkochtopf oder Sterilisator und ein Küchenthermometer. Im Einkochtopf können Sie mehrere Gläser gleichzeitig einkochen. Man kann aber dafür genauso gut auch einen hohen Kochtopf nehmen. Mit dem Küchenthermometer können Sie überprüfen, dass die Temperatur des Wassers nicht unter 100° C fällt.

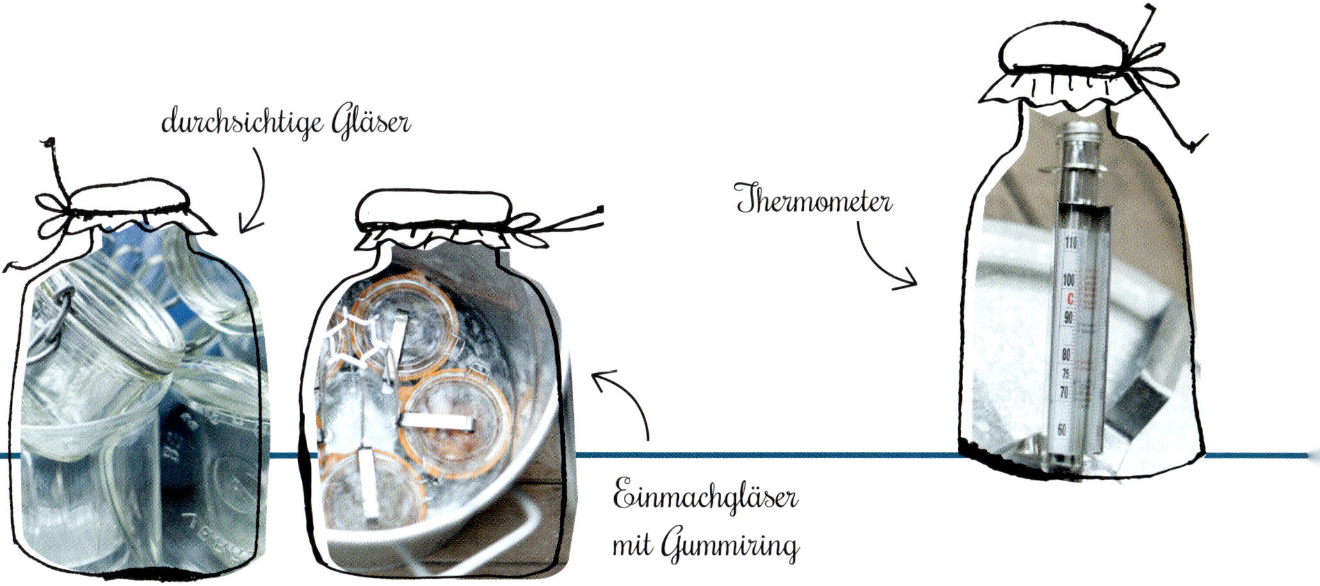

Einkochen

Mit modernen Konservierungsmethoden können Lebensmittel haltbar gemacht werden. Sie wurden am Ende des 18. Jahrhunderts von Nicolas Appert entwickelt. Entscheidend ist dabei, dass die Lebensmittel mehr oder weniger lange erhitzt und dann luftdicht verschlossen aufbewahrt werden. Ein Einkochtopf oder klassischer Sterilisator hat den Vorteil, dass man gleichzeitig mehrere Gläser hineinstellen kann und dass sich die Hitze darin gut verteilt. Zudem ist er oft mit Zubehör ausgestattet, das verhindert, dass die Gläser nicht gegeneinander stoßen. Mit einem elektrischen Einkochtopf können Sie alle Arten von Konserven herstellen. Denn einige Lebensmittel werden erst bei 115° C vollständig sterilisiert. Mit einem einfachen Einkochtopf ist es indes schwierig, diese Temperatur zu erreichen. Wenn Sie aber nur kleine Mengen einkochen wollen, können Sie genauso gut einen Kochtopf verwenden. Dann bereiten Sie zunächst die Lebensmittel vor und legen ein sauberes Küchenhandtuch auf den Boden eines hohen Topfes. Wenn Sie die Einmachgläser hineinsetzen, achten Sie darauf, dass sie bis höchstens 1 cm unter den Rand gefüllt sind. Stellen Sie die Gläser auf das Handtuch. Sie sollten fest stehen und sich nicht berühren. Geben Sie so viel Wasser in den Topf, dass die Gläser mindestens 1 cm im Wasser stehen. Sie sollten während des gesamten Einkochvorgangs im Wasser stehen. Stellen Sie den Topf auf den Herd und bringen Sie das Wasser langsam zum Kochen. Die im Rezept angegebene Einkochzeit sollten Sie unbedingt einhalten. Wenn Sie salzige Konserven herstellen, geben Sie Salz in das Wasser, dadurch erhöht sich die Temperatur ein wenig. Wenn Sie sich an die angegebene Einkochzeit halten, werden alle Bakterien abgetötet. Diese Bakterien finden sich nicht in säurehaltigen Lebensmitteln, wie Obst oder Tomaten oder Konserven mit Zitronenzusatz. Daher lassen sich diese leichter zubereiten und sind länger haltbar. Überzeugen Sie sich zum Ende des Einkochvorgangs, dass er gut funktioniert hat, indem sie überprüfen, dass der Deckel fest verschlossen ist und der Gummiring fest sitzt. Drehen Sie das Einmachglas um und prüfen Sie, dass sich keine Blasen um den Deckel herum bilden. Riskieren Sie nichts, wenn Sie Ihre Konserven verzehren möchten. Wenn Ihnen die Struktur oder der Geruch verändert oder ungewohnt erscheint, werfen Sie den Inhalt lieber weg.

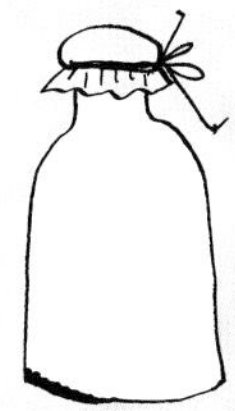

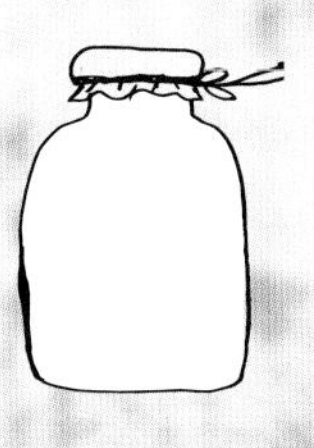

Aufbewahrung

Bewahren Sie Ihre Konserven trocken, kühl und lichtgeschützt auf. Am besten zwischen 6 und 12 Monate im Keller bei 15° C. Man unterscheidet verschiedene Arten von Lebensmitteln, die alle zum Einkochen geeignet sind. Schon lange konserviert man Lebensmittel in Salz. Dafür braucht man eine ziemlich große Menge an Salz, das von guter Qualität und sehr sauber sein sollte. Sie können es ein paar Minuten in einer Pfanne erwärmen, bevor sie es verwenden.

Genauso gut kann man für die Haltbarmachung auch Zucker nehmen. Dafür erhitzt man den Zucker zusammen mit dem Obst, aus dem Marmelade oder Sirup hergestellt werden soll. Alkohol ist ideal, um Bakterien abzutöten. Damit kann man Obst sehr gut haltbar machen, allerdings verliert es dadurch oft an Nährwert und Geschmack. Häufig gibt man Zucker zu solchen Konserven hinzu. Verwenden Sie für Obst vorzugsweise hellen und qualitätsvollen Alkohol. Essig verhindert die Vermehrung von Mikroben. Meistens legt man die Lebensmittel in Salz oder einer salzhaltigen Lösung ein, bevor man sie in Essig konserviert, um ihnen möglichst viel Wasser zu entziehen. Servieren Sie in Essig eingelegte Konserven niemals mit Metallbesteck! Bestimmte Lebensmittel kann man auch gut in Öl einlegen. Allerdings garantiert diese Methode nicht, dass Bakterien abgetötet werden. Generell sollte man die Lebensmittel zuvor in Salz oder Essig einlegen, bevor man sie in Öl einlegt. Diese Konserven sollte man vorzugsweise kühl aufbewahren und nicht im Küchenschrank. Sie sind auch nicht so lange haltbar wie andere Konserven.

Aromatisierte Öle

Bereiten Sie aromatisierte Öle am besten in kleinen Mengen zu, weil man sie für Salatsoßen oder Gemüse sparsam verwendet.

Olivenöl mit Chili

* 4 getrocknete Chilischoten
* 1/2 TL weiße Pfefferkörner
* 250 ml Olivenöl extra vergine

1 Sterilisieren Sie eine Flasche mit luftdichtem Verschluss, indem Sie sie in kochendes Wasser tauchen und anschließend umgedreht auf einem sauberen Küchenhandtuch trocknen lassen.

2 Die Chilischoten und Pfefferkörner in die Flasche geben.

3 Das Olivenöl vorsichtig auf 80° C erwärmen, den Topf vom Herd nehmen und das warme Öl in die Flasche gießen. Die Flasche verschließen und abkühlen lassen.

4 Das Öl an einem kühlen und lichtgeschützten Ort aufbewahren und innerhalb von 6 Monaten verbrauchen.

Für eine Flasche à 250 ml
Zubereitung: 5 Min.
Ziehen: mindestens 1 Monat

Für eine Flasche
à 250 ml
Zubereitung: 5 Min.
Ziehen:
mindestens
2 Monate

Sesamöl mit Gewürzen

* 3 grüne Kardamomkapseln
* 2 Zimtstangen
* 3 schwarze Pfefferkörner
* 1 Gewürznelke
* 150 ml Sesamöl (vorzugsweise aus Frankreich, das milder als asiatisches ist, erhältlich in Reformhäusern)
* 100 ml Traubenkernöl

1 Sterilisieren Sie eine Flasche mit luftdichtem Verschluss, indem Sie sie in kochendes Wasser tauchen und anschließend umgedreht auf einem sauberen Küchenhandtuch trocknen lassen.

2 Kardamomkapseln zerstoßen und mit den anderen Gewürzen in die Flasche geben.

3 Die Öle vermischen und vorsichtig auf 80° C erwärmen, den Topf vom Herd nehmen und das warme Öl in die Flasche gießen. Die Flasche verschließen und abkühlen lassen.

4 Das Sesamöl an einem kühlen und lichtgeschützten Ort aufbewahren und innerhalb von 6 Monaten verbrauchen.

Olivenöl mit Vanille

* 2 Vanilleschoten
* 250 ml Olivenöl extra vergine

1 Sterilisieren Sie eine Flasche mit luftdichtem Verschluss, indem Sie sie in kochendes Wasser tauchen und anschließend umgedreht auf einem sauberen Küchenhandtuch trocknen lassen.

2 Die Vanilleschoten der Länge nach aufschneiden und in die Flasche geben.

3 Das Olivenöl vorsichtig auf 80° C erwärmen, den Topf vom Herd nehmen und das warme Öl in die Flasche gießen. Die Flasche verschließen und abkühlen lassen.

4 Das Vanilleöl an einem kühlen und lichtgeschützten Ort aufbewahren und innerhalb von 6 Monaten verbrauchen.

Für eine Flasche
à 250 ml
Zubereitung: 10 Min
Ziehen:
1 Woche

Himbeeressig

* 600 ml Weißweinessig guter Qualität
* 350 g Himbeeren
* 1 EL Kristallzucker

1 Den Essig vorsichtig in einem Topf erwärmen, nicht kochen.

2 300 g Himbeeren in ein großes Einmachglas geben, 4 Esslöffel heißen Essig zugeben und mit einem Löffel zerdrücken.

3 Den restlichen heißen Essig zugeben und abkühlen lassen. Das Glas luftdicht verschließen und für eine Woche kühl stellen.

4 Den Essig filtern und mit dem Zucker in einen Topf geben. Erwärmen, ohne ihn zu kochen und in eine vorbereitete, am besten sterilisierte Flasche füllen.

5 Übrige Himbeeren zugeben und die Flasche fest verschließen, wenn der Essig abgekühlt ist.

Himbeer-
essig

Ziegenkäsetaler mit Kreuzkümmel

* 120 g kleine Ziegenkäsetaler
* 3 EL Wodka
* 125 ml Traubenkernöl
* 1 TL Pfefferkörner
* 1 TL Kreuzkümmelsamen
* 1 TL Fenchelsamen
* 3 Wacholderbeeren

1 Den Käse durch den Wodka ziehen und auf Küchenpapier trocknen lassen (ein Küchenhandtuch darunterlegen).

2 Das Traubenkernöl und die Gewürze in einen kleinen Topf geben und einige Minuten erwärmen, dann abkühlen lassen.

3 Die Käsetaler in die Einmachgläser geben und das lauwarme Öl darübergießen. Fest verschließen und abkühlen lassen. Kühl aufbewahren. 5 Tage marinieren lassen und innerhalb eines Monats verzehren.

Tipp : Die Gläser nicht in den Kühlschrank stellen, damit das Öl nicht erstarrt.

Für 3 kleine Gläser à 80 g
Zubereitung: 10 Min.
Kochen: 5 Min.
Marinieren: 5 Tage

Für ein Glas à 50 g
Zubereitung: 10 Min.
Marinieren:
1 Woche

Crottins mit Thymian und Chili

* 150 ml Wodka
* 5 Crottins (leicht getrocknete Ziegenkäsetaler)
* 3 getrocknete Chilischoten
* 2 getrocknete Thymianzweige
* 1 kleiner Rosmarinzweig
* Olivenöl extra vergine

1 Ein Einmachglas spülen, auskochen und auf einem sauberen, trockenen Küchenhandtuch trocknen lassen. Wodka in ein Schälchen gießen. Die Crouttins schnell durch den Wodka ziehen und auf einem Küchenpapier abtropfen lassen (ein Küchenhandtuch darunterlegen).

2 Chilischoten, etwas Thymian und Rosmarin in ein Einmachglas geben und die Crottins dicht an dicht darauflegen. Den übrigen Thymian und Rosmarin darauflegen und das Olivenöl darübergießen, so dass die Crottins ganz vom Öl bedeckt sind. Das Glas fest verschließen.

3 Den Käse kühl und lichtgeschützt 1 Woche ziehen lassen und innerhalb eines Monats aufbrauchen.

Für ein Glas à 500 g
Zubereitung: 30 Min.
Kochen: 30 Min.
Marinieren: 24 Std.

Tomatenconfit

* 2 kg reife Bio-Tomaten
* 100 g heller Rohrzucker
* 4 EL frische Thymianblättchen
* 1 TL Chilipulver
* Olivenöl extra vergine
* Salz

1 Ein Einmachglas mit kochendem Wasser ausspülen und umgedreht auf einem sauberen Küchenhandtuch trocknen lassen. Den Ofen auf 150° C vorheizen.

2 Tomaten waschen, entstielen, schälen und halbieren. Die Kerne herauskratzen und die Tomaten mit der Schnittfläche nach oben auf ein mit Backpapier belegtes Backblech legen.

3 Zucker, Thymian, etwas Salz und Chilipulver darüberstreuen.

4 Die Tomaten 30 Minuten im Ofen garen.

5 Aus dem Ofen nehmen und in das Glas füllen, dabei leicht zusammendrücken. Bis 1 cm unter den Rand mit Olivenöl auffüllen. Verschließen und im Kühlschrank aufbewahren. Die Tomaten halten sich 1 Monat.

Für ein Glas à 750 g
Zubereitung: 30 Min.
Ruhen: 24 Std. – Garen: 1 Std.
Marinieren:
mindestens 3 Tage

Gegrillte Paprika in Olivenöl mariniert

* 5 schöne rote Bio-Paprika
* 2 Knoblauchzehen
* 5 Thymianzweige
* 5 Pfefferkörner
* Olivenöl extra vergine
* Salz

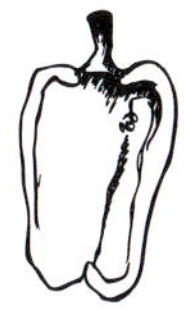

1 Am Abend zuvor den Backofengrill vorheizen. Die Paprika waschen und unter den Grill auf ein Backblech legen. Während des Grillens von Zeit zu Zeit wenden, damit die Schale gleichmäßig bräunt.

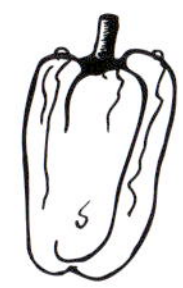

2 Die Paprika auf einen tiefen Teller legen und mit Frischhaltefolie bedecken. Nach 15 Minuten schälen. Halbieren und die Kerne herausschneiden. Auf einem Sieb im Kühlschrank 24 Stunden abtropfen lassen.

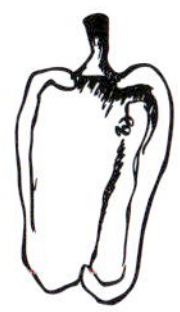

3 Am nächsten Tag den Ofen auf 120° C vorheizen. Die geschälten Paprika mit den ungeschälten Knoblauchzehen auf das mit Backpapier belegte Backblech legen und 45 Minuten im Ofen trocknen lassen. Dabei verlieren sie weitere Flüssigkeit und bleiben dennoch glatt. Die Paprika in Streifen schneiden. Die Knoblauchzehen schälen, wenn nötig Keime entfernen und in Scheiben schneiden. Ein Einmachglas waschen, mit kochendem Wasser ausspülen und mit einem trockenen und sauberen Tuch abtrocknen.

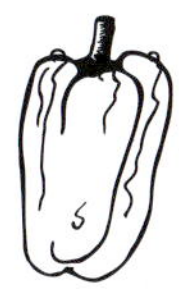

4 Paprika, Knoblauch, Thymian, Pfefferkörner und etwas Salz in das Glas schichten. Bis 1 cm unter den Rand Öl darübergießen, so dass die Paprika vollständig bedeckt sind. Das Glas verschließen und in den Kühlschrank stellen. Die Paprika halten sich 1 Monat im Kühlschrank.

Für ein
Glas à 450 ml
Zubereitung: 25 Min.
Kochen: 15 Min.
Marinieren: 24 Std.

Eingelegte Artischocken

als Vorspeise

* 1 Bio-Zitrone
* 10 kleine, violette Artischocken
* 100 ml Weißweinessig
* 1/2 TL Salz
* 2 Thymianzweige
* 1 TL Pfefferkörner
* 2 Knoblauchzehen
* Olivenöl extra vergine

1 Die Zitrone abwaschen, trocknen, die Schale abreiben und zur Seite stellen. Anschließend die Zitrone pressen. Den Saft mit 300 ml Wasser in eine Schüssel geben. Die Artischocken putzen und die Blätter bis zum Artischockenherz abzupfen. Das Heu entfernen, so dass nur noch das Herz übrig bleibt. Die Herzen halbieren und nach und nach in das Zitronenwasser legen.

2 Den Essig mit 300 ml Wasser und dem Salz in einem Topf aufkochen, die Artischocken hineinlegen und 15 Minuten kochen lassen. Abtropfen und abkühlen lassen. Inzwischen den Thymian waschen, trocknen und in ein Einmachglas geben. Pfefferkörner und Zitronenschale zugeben.

3 Die Knoblauchzehen schälen, von Keimen befreien und in feine Scheiben schneiden. Anschließend in das Glas geben. Die Artischockenherzen zugeben und mit Olivenöl bedecken. Das Glas fest verschließen und 24 Stunden marinieren lassen. Die Artischocken halten sich etwa 14 Tage im Kühlschrank.

Für 2 Gläser
à 350 ml
Zubereitung: 20 Min.
Marinieren:
2 Wochen

Radieschen in Himberessig

* 2 Bund rosafarbene Radieschen
* 300 ml Weißweinessig
* 300 ml Himbeeressig
* 4 Gewürznelken
* 2 Sternanis
* 10 Pfefferkörner
* 2 Lorbeerblätter
* 1 EL Salz
* 2 TL Zucker
* 2 EL Granatapfelsirup

1 Die Radieschen waschen, trocknen und entstielen. Anschließend in die Gläser geben, dabei nicht zu eng aneinanderlegen und die Gläser nur bis 3 cm unter den Rand füllen.

2 Den Essig mit den übrigen Zutaten in einem Topf erhitzen und über die Radieschen geben.

3 Die Gläser fest verschließen und mindestens 14 Tage bis zum Verzehr ruhen lassen.

4 Nach dem Öffnen die Gläser im Kühlschrank aufbewahren und innerhalb von 6 Wochen aufbrauchen.

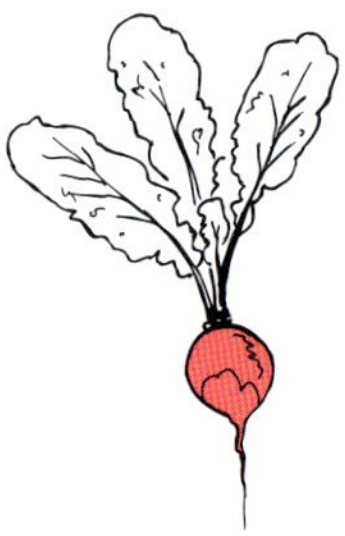

Pickles auf englische Art

Für 2 Gläser
à 450 ml
Zubereitung: 25 Min.
Kochen: 10 Min.
Marinieren: 24 Std.
+ 1 Woche

* 1 Bund Mini-Karotten
* 5 Perlzwiebeln
* 15 kleine rosa Radieschen
* 50 g kleine Erbsen, geschält
* 1/2 gelbe Paprikaschote
* 3 kleine rote Chilischoten
* 175 g grobes Salz
* 750 ml Weißweinessig
* 3 Gewürznelken
* 1 TL Fenchelsamen
* 3 Lorbeerblätter
* 75 g Honig

1 Am Vorabend das Gemüse waschen. Karotten und Zwiebeln schälen, die Radieschen entstielen und die halbe Paprikaschote in Streifen schneiden. Das Salz in einen Topf mit 1,5 l kochendem Wasser geben und abkühlen lassen.

2 In einem anderen Topf den Essig mit den Gewürzen, dem Lorbeer und Honig verrühren und aufkochen lassen. Abkühlen lassen und für 24 Stunden in den Kühlschrank stellen.

3 Das Gemüse nicht zu eng nebeneinander in einen tiefen Teller legen und mit dem abgekühlten Salzwasser bedecken. 24 Stunden kühl stellen und marinieren.

4 Am nächsten Tag das Gemüse abtropfen lassen und in die Gläser geben. Mit dem Gewürzessig bedecken und die Gläser gut verschließen. 1 Woche marinieren lassen.

5 Nach dem Öffnen hält sich das Glas im Kühlschrank noch etwa 6 Wochen.

Cornichons und kleine Zwiebeln

in Essig

* 1 kg kleine Gürkchen
* 1 kg grobes Salz
* 200 g kleine weiße Zwiebelchen
* 1 Estragonzweig
* 10 Pfefferkörner
* 1/2 TL Senfkörner
* 1/2 TL Fenchelsamen
* Weißweinessig

1 Die Gürkchen bürsten und die Härchen entfernen. Dicht an dicht auf einen tiefen Teller legen und mit Salz bedecken. Auch in den Zwischenräumen sollte Salz sein. 18 Stunden kühl stellen.

2 Die Zwiebelchen waschen und schälen. Die Einmachgläser spülen und mit kochendem Wasser auswaschen, dann mit einem sauberen Küchenhandtuch abtrocknen.

3 Die Gürkchen von dem Salz befreien und lagenweise mit den Zwiebelchen, dem Estragon und den Gewürzen in die Gläser geben. Mit Essig bedecken.

4 Die Gläser gut verschließen und kühl und lichtgeschützt vor dem Öffnen mindestens 3 Monate stehen lassen. Sie halten sich ein Jahr lang, bis zur nächsten Saison.

Für 4 Gläser à 250 g
Zubereitung: 20 Min.
Marinieren: 18 Std. im Salz
+ mind. 3 Monate in Essig

Für ein Glas
à 1 l
Zubereitung: 15 Min.
Marinieren: mind.
1 Monat

Eingelegte Salzzitronen

* 6 Bio-Zitronen (oder 9 Bio-Bergamottezitronen)
* 500 g grobes Meersalz

1 Ein Einmachglas spülen, mit kochendem Wasser auswaschen und mit einem sauberen Küchenhandtuch abtrocknen. Die Zitronen waschen und trocknen. In Viertel schneiden, ohne die inneren Viertel zu beschädigen. Das Innere der Zitronen mit dem groben Meersalz salzen und die Früchte dicht an dicht in das Glas legen.

2 Das übrige Salz darübergeben und das Glas verschließen. Einen Monat lang kühl und lichtgeschützt lagern. Danach sollte sich das Salz aufgelöst haben und sich stattdessen salziger Zitronensaft gebildet haben.

3 Die eingelegten Zitronen halten sich 1 Jahr im Kühlschrank, wenn sie ganz in der Salzlake liegen.

Hinweis: Die Marokkaner verwenden Bergamottezitronen für dieses Rezept. Sie sind kleiner als klassische Zitronen und haben auch einen anderen Geschmack. Im Winter kann man sie in Bio-Läden finden.

Für 2 Flaschen à 250 ml
Zubereitung: 25 Min.
Kochen: 45 Min.
Ziehen: 15 Min.
Einkochen: 5 Min.

Ketchup

* 100 ml Apfelessig
* 1 Zimtstange
* 2 Gewürznelken
* 1,5 kg Bio-Tomaten
* 2 gehackte Zwiebeln
* 1 EL Olivenöl extra vergine
* 1 Prise Chilipulver
* 40 g heller Zucker
* Salz und Pfeffer aus der Mühle

1 Essig in einem Topf aufkochen, Zimt und Gewürznelken zugeben und 5 Minuten köcheln lassen, dann 15 Minuten ziehen lassen.

2 Die Tomaten waschen, vierteln und entkernen. Die Zwiebeln in einem Topf mit Öl andünsten, dann die Hälfte der Tomaten zugeben und zum Kochen bringen. Die restlichen Tomaten und das Chilipulver zufügen und bei niedriger Hitze 15 Minuten köcheln lassen.

3 Den Essig filtern und hinzugeben. Salzen, pfeffern, gut umrühren und weitere 10 Minuten kochen. Durch ein Gemüsesieb passieren, den Zucker zugeben und nochmals 15 Minuten bei milder Hitze kochen.

4 Die Flaschen sorgfältig ausspülen und mit einem sauberen Küchenhandtuch abtrocknen. Das Ketchup einfüllen und gut verschließen. Die Flaschen 5 Minuten in kochendem Wasser in einem Sterilisator oder einem hohen Topf einkochen.

5 Im Wasser abkühlen lassen und an einem kühlen, trockenen Ort bis zu einem Jahr lagern. Nach dem Öffnen im Kühlschrank aufbewahren.

Für 2 Gläser
à 200 ml
Zubereitung: 20 Min.
Einkochen: 1 Std. 20

Sardinen-Rillettes

mit Senfkörnern

* 3 Dosen Sardinen in Öl
* 80 g leicht gesalzene, weiche Butter
* Saft einer Zitrone
* Schale einer halben Zitrone
* 2 EL Olivenöl extra vergine
* 1 EL Senfkörner
* Pfeffer aus der Mühle

1 Die Sardinen in einen Mixer geben, die Butter in kleinen Stücken, Zitronensaft und -schale, Olivenöl und Senfkörner zufügen. Großzügig pfeffern.

2 Mixen, bis eine homogene Masse entsteht. Auf die Gläser verteilen, dabei gut festdrücken.

3 Die Gläser fest verschließen und 1 Stunde 20 einkochen. Darauf achten, dass dabei die Temperatur konstant auf 100° C bleibt.

4 Im Wasser abkühlen lassen und 6 Monate kühl aufbewahren.

Makrelen in Weißweinessig

nach Großmutterart

Für 4 Gläser
à 250 g
Zubereitung: 20 Min.
Einkochen: 2 Std.

* 12 kleine Makrelen
* 1 Karotte
* 2 Zwiebeln
* 2 Bio-Zitronen
* frische Thymianzweige
* 4 Lorbeerblätter
* 12 Pfefferkörner
* 125 ml Branntweinessig
* 750 ml Weißweinessig
* 1 TL grobes Salz

1 Die Gläser mit Gummiring sterilisieren und dafür in kochendes Wasser tauchen, dann umgedreht auf einem sauberen Tuch trocknen lassen. Die Makrelen ausnehmen, die Köpfe abschneiden und abwaschen. Die Karotte schälen und in Scheiben schneiden. Zwiebeln schälen und hacken. Zitronen abwaschen und in Scheiben schneiden. Thymian waschen und trocknen.

2 In jedes Glas jeweils 3 Makrelen längs hineinlegen, Kräuter, Zitronen- und Karottenscheiben, Zwiebeln und Pfefferkörner zugeben. Den Essig mit dem Wein und Salz zum Köcheln bringen, dann die Makrelen damit bedecken und die Gläser verschließen.

3 2 Stunden lang einkochen. Darauf achten, dass die Gläser dabei stets bis 2 cm unter den Rand mit dem köchelnden Wasser bedeckt sind.

4 Die Gläser im Topf abkühlen lassen, aus dem Wasser nehmen und kühl und lichtgeschützt aufbewahren.

Für 2
Terrinen à 350 ml
Zubereitung: 20 Min.
Kochen: 45 Min.
Kühlen: 12 Std.

Entenleberpastete

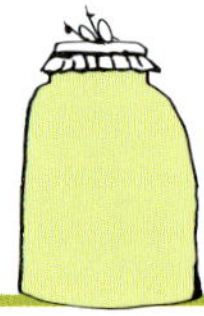

* 1 Entenleber von 500 g
* 1 TL Salz
* 1 TL weißer Pfeffer

1 Den Ofen auf 110° C vorheizen. Die Leber von Sehnen befreien und mit Salz und Pfeffer würzen. In die Gläser legen und leicht zusammendrücken.

2 Die Gläser fest verschließen, in eine Schüssel mit lauwarmem Wasser stellen und 45 Minuten im Ofen garen.

3 Abkühlen lassen und 12 Stunden kalt stellen. Die Entenleberpastete hält sich 2-3 Wochen im Kühlschrank.

Für 6 Gläser à 250 g
Zubereitung: 30 Min.
Kochen: 10 Min.
Einkochen: 1 Std. 30

Fleischpastete auf französische Art

* 1 kg Schweinehals
* 500 g Schweineleber
* 2 EL Schweineschmalz
* 150 g gehackte Zwiebeln
* 30 g gehackte Schalotten
* 10 g glatte Petersilie, gehackt
* 3 g gehackter Knoblauch
* 24 g Salz
* 3 g Pfeffer + Pfeffer zum Bestreuenr
* 2 g Quatre-épices (Viergewürz, in Feinkostläden erhältlich)
* 2 g getrockneter Thymian
* Thymian zum Bestreuen
* 3 g getrockneter Salbei
* 2 g frischer Salbei, gehackt
* 4 Eiweiß
* 40 ml Cognac

1 Einmachgläser mit Gummiring spülen, mit kochendem Wasser ausspülen und mit einem sauberen, trockenen Geschirrtuch abtrocknen. Bitten Sie Ihren Metzger, die blutigen Stellen vom Schweinehals zu entfernen, ihn grob zu hacken (Stufe 8) und die Leber in Scheiben zu schneiden.

2 Zwiebeln und Schalotten mit Petersilie und Knoblauch im Schmalz andünsten. Abkühlen lassen. Die Leber 15 Minuten ins Gefrierfach legen und anschließend in 1 cm große Würfel schneiden. Den gehackten Schweinehals mit Zwiebeln, Schalotten, Salz, Pfeffer, den Gewürzen, dem Thymian und Salbei mischen. Dann die Leber zugeben. Eiweiße und Cognac unterrühren.

3 Die Gläser zu drei Vierteln mit der Fleischmischung befüllen und mit etwas Thymian und Pfeffer bestreuen. Dann verschließen.

4 In einem Topf mit kochendem Wasser 1 Stunde 30 einkochen. Die Zeit wird gemessen, wenn das Wasser wieder kocht. Die Gläser sollen bis 3-4 cm unter dem Deckel in dem kochenden Wasser stehen.

5 Im Wasser abkühlen lassen, danach an einem kühlen und lichtgeschützten Ort aufbewahren. Die Pastete hält sich etwa 1 Jahr.

Für ein Glas à 1 l
oder mehrere kleine Gläser
Zubereitung: 20 Min.
Einkochen: 1 Std.

Kirschtomaten

* 500 g große, rote Kirschtomaten
* 500 g große, gelbe Kirschtomaten
* 1 Thymianzweig
* 1 Minzezweig
* 1 TL Fenchelsamen
* 30 g Salz

1 Ein Einmachglas spülen, mit kochendem Wasser auswaschen und mit einem sauberen, trockenen Küchenhandtuch abtrocknen. Die Kirschtomaten 1 Minute in einen Topf mit kochendem Wasser eintauchen, dann in kaltem Wasser abschrecken. Den Stielansatz herausschneiden und vorsichtig schälen.

2 Thymian und Minze von den Stielen zupfen (vorher waschen) und mit den Fenchelsamen in das Glas geben. Die Tomaten darüberlegen.

3 1,5 l Wasser mit dem Salz zum Kochen bringen und über die Tomaten gießen, bis das Glas bis 2 cm unter den Rand gefüllt ist. Das Glas verschließen und in einem Einkochtopf oder in einem hohen, mit einem Küchentuch ausgelegten Kochtopf die Tomaten einkochen. Das Glas auf das Tuch stellen und mit Wasser bedecken. 1 Stunde köcheln lassen, dann im Topf abkühlen lassen.

4 Das Glas nach dem Abkühlen aus dem Wasser nehmen und umdrehen. Das Einkochen hat funktioniert, wenn sich keine Blasen bilden! Andernfalls noch einmal einkochen. Die Tomaten halten sich kühl und lichtgeschützt etwa 6 Monate.

Karotten-Erbsen-Gemüse

Für ein Glas
à 500 ml
Zubereitung:
20 Min.
Einkochen:
1 Std. 30

* 2 Karotten
* 1/2 TL Salz
* 1 TL Zucker
* 400 g kleine Erbsen, geschält

1 Die Karotten waschen und in Scheiben schneiden. In einem Topf mit 250 ml Wasser, Salz und Zucker kochen.

2 Das Gemüse in das Einmachglas geben und mit dem warmen Kochwasser bedecken. Das Glas verschließen und in einem Einkochtopf einkochen. Wenn Sie einen hohen Kochtopf verwenden, ein Handtuch auf den Boden legen, das Glas darauf stellen und mit Wasser bedecken. 1 Std. 30 köcheln lassen, dann im Topf abkühlen lassen.

3 Wenn das Glas abgekühlt ist, aus dem Wasser nehmen und umdrehen. Das Einkochen hat funktioniert, wenn sich keine Blasen bilden! Andernfalls nochmals einkochen.

Für 2 Gläser
à 300 ml
Zubereitung: 20 Min.
Kochen:
etwa 30 Min.

Feigenchutney

* 2 rote Zwiebeln
* 500 g violette Feigen
* 1 EL Olivenöl extra vergine
* 1 EL Cranberries
* 80g Rohrzucker
* 1 Prise Zimtpulver
* 3 EL Sherryessig

1 Die Gläser sorgfältig ausspülen und mit einem sauberen und trockenen Küchenhandtuch abtrocknen. Die Zwiebeln schälen und in feine Streifen schneiden. Die Feigen waschen, trocknen und würfeln.

2 In einem Topf die Zwiebeln in Olivenöl glasig dünsten.

3 Cranberries, gewürfelte Feigen, Zucker, 100 ml Wasser und Zimt zufügen. Bei niedriger Hitze etwa 15 Minuten kochen lassen.

4 Essig zufügen und weitere 15 Minuten kochen, bis eine homogene Masse entsteht.

5 In die Gläser geben und fest verschließen. Die Gläser umdrehen, bis sie vollständig abgekühlt sind.

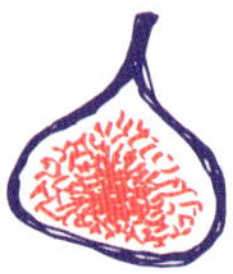

Für 3 Gläser
à 250 g
Zubereitung: 20 Min.
Ziehen: 12 Std.
Kochen: etwa
30 Min.

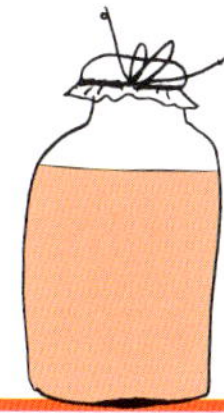

Zitrusmarmelade

mit Orangenwasser

* 800 g Bio-Orangen
* 200 g Bio-Zitronen
* 400 g Clementinen
* 700 g heller Rohrzucker
* 2 EL Orangenwasser

1 Am Vortag die Orangen und Zitronen sorgfältig waschen und abtrocknen. In feine Scheiben schneiden, diese halbieren und in eine Schale legen.

2 Die Clementinen auspressen und den Saft mit dem Zucker zum Kochen bringen. Wenn der Zucker vollständig aufgelöst ist, den Sirup über die Zitrusfrüchte gießen, die ganz vollständig davon bedeckt sein sollten. Orangenwasser zufügen. Einen Teller auf die Früchte legen und 12 Stunden kalt stellen.

3 Am folgenden Tag die Einmachgläser sorgfältig ausspülen und abtrocknen. Die Früchte und den Saft in einen Marmeladentopf oder einen großen Kochtopf mit dickem Boden geben und zum Kochen bringen. Wenn nötig, den Schaum abschöpfen und 30 Minuten einkochen lassen.

4 Die kochende Marmelade in die Gläser füllen und diese sofort verschließen. Dann die Gläser auf den Kopf stellen, bis sie vollständig abgekühlt sind.

Für 3 Gläser
à 250 g
Vorbereitung: 15 Min.
Kochen:
mindestens
1 Std.

Wassermelonenmarmelade

* 1 kg Wassermelone, geschält und entkernt (mit Schale etwa 1,3 kg)
* 600 g heller Rohrzucker
* 12 Zitronenkerne

1 Die Gläser sorgfältig ausspülen und mit einem sauberen und trockenen Küchenhandtuch abtrocknen. Die Melone schälen, entkernen und in kleine Stücke schneiden. In einem Marmeladentopf oder einem großen Kochtopf mit dickem Boden die Melone mit dem Zucker vermischen. Die Zitronenkerne in ein Mulltuch einwickeln und zufügen. Zum Kochen bringen, den Schaum abnehmen und 40 Minuten einkochen.

2 Die Mischung filtern, den Sirup auffangen und das eingekochte Obst zur Seite stellen. Den Sirup wieder in den Topf geben und dicklich einkochen, dann die Fruchtstücke zugeben und mindestens weitere 20 Minuten kochen.

3 Wenn die Fruchtstücke hell und transparent sind, die kochende Marmelade in die Gläser füllen. Sofort verschließen und umdrehen, bis die Marmelade vollständig abgekühlt ist.

Himbeermarmelade

mit Pfirsichen

Für 4 Gläser
à 250 g
Zubereitung: 20 Min.
Kochen:
etwa 30 Min.

* 500 g Pfirsiche
* 1 kg Himbeeren
* 1 kg Zucker
* Saft einer Zitrone

1 Die Pfirsiche waschen, abtrocknen und in Stücke schneiden, dabei die Steine entfernen. Die Himbeeren schnell waschen und mit dem Zucker, den Pfirsichstücken und dem Zitronensaft in einen Topf geben.

2 Auf den Herd stellen und kochen lassen, dabei immer wieder Schaum abschöpfen. Etwa 30 Minuten kochen.

3 Wenn Sie den Eindruck haben, dass die Marmelade eine gute Konsistenz hat, geben Sie einen Tropfen auf einen Teller, der zuvor im Kühlschrank stand. Wenn die Marmelade fest wird, ist sie fertig gekocht.

4 In die Gläser füllen, fest verschließen und auf den Kopf stellen, bis die Gläser vollständig abgekühlt sind.

Birnen in Vanillesirup

* 4 Birnen
* 1 Zitrone
* 2 Vanilleschoten
* 125 g Zucker

1 Die Birnen schälen, halbieren und das Kerngehäuse entfernen. Mit der halbierten Zitrone einreiben.

2 Die Vanilleschoten der Länge nach halbieren und das Innere herauskratzen. In einem Topf den Zucker, die Vanilleschoten und das Innere mit 500 ml Wasser zum Kochen bringen. 20 Minuten köcheln lassen, vom Herd nehmen und abkühlen lassen.

3 Einmachgläser mit Gummiring auswaschen und mit einem trockenen und sauberen Küchenhandtuch abtrocknen.

4 Die Birnenhälften in die Gläser legen und den Sirup zufügen. Die Gläser fest verschließen und 40 Minuten in einen Einkochtopf stellen. Sie können sie auch in einem großen Kochtopf einkochen; die Gläser sollten dann ganz mit kochendem Wasser bedeckt sein.

5 Die Gläser im Wasser abkühlen lassen. Dann umdrehen und prüfen, ob sich am Gummi keine Blasen bilden. Gegebenenfalls nochmals einkochen.

Für 2 Gläser
à 500 ml
Zubereitung: 20 Min.
Kochen: 20 Min.
Einkochen:
40 Min.

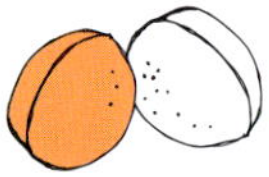

Lavendel-Aprikosen

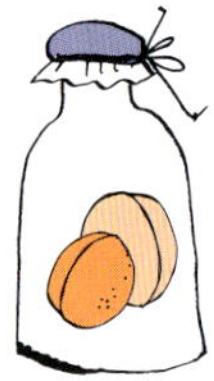

* 900 g Aprikosen
* 50 g Zucker
* 1 EL Lavendelblüten

1 Die Aprikosen waschen, trocknen, halbieren und entsteinen. In einem Topf Zucker mit 750 ml Wasser aufkochen, 10 Minuten köcheln lassen, vom Herd nehmen und den Lavendel zugeben. 15 Minuten ziehen lassen.

2 Einmachgläser mit Gummiring sorgfältig ausspülen und mit einem sauberen und trockenen Küchenhandtuch abtrocknen.

3 Die Aprikosen in die Gläser geben, den Sirup filtern und dazugeben. Die Gläser fest verschließen und 30 Minuten in einem Einkochtopf einkochen. Sie können sie auch in einem großen Kochtopf einkochen. Die Gläser sollten dann die ganze Zeit mit kochendem Wasser bedeckt sein.

4 Die Gläser im Wasser abkühlen lassen und dann umdrehen. Wenn sich um den Gummiring Blasen bilden, nochmals einkochen.

Für 3 Gläser à 625 ml
Zubereitung: 25 Min.
Kochen: 10
Ziehen: 15 Min.
Einkochen: 30 Min.

Für 2 Gläser
à 450 ml
Zubereitung: 15 Min.
Marinieren: 2 Std.
Kochen: 20 bis 30 Min.
Einkochen:
15 Min.

Apfel-Rhabarber-Kompott

* 750 g Rhabarber
* 125 g Zucker
* 3 Boskop-Äpfel
* 1 Vanilleschote

1 Den Rhabarber schälen, waschen, in eine Schüssel geben und mit 100 g Zucker bestreuen. 2 Stunden im Saft liegen lassen, anschließend den Saft abgießen und in einen Kochtopf geben.

2 Äpfel schälen, vom Kerngehäuse befreien und grob in Stücke schneiden. Zum Rhabarber geben. Den restlichen Zucker und die ausgekratzte Vanilleschote zugeben. Bei milder Hitze 20 bis 30 Minuten zu Kompott einkochen lassen.

3 Die Einmachgläser sorgfältig ausspülen und mit einem sauberen und trockenen Küchenhandtuch abtrocknen. Den Kompott bis 1 cm unter den Rand einfüllen und die Gläser fest verschließen. In einem Einkochtopf oder einem hohen Kochtopf 15 Minuten köcheln lassen.

4 Die Gläser im Wasser abkühlen lassen. Kühl und trocken lagern. Sie halten sich etwa 6 Monate.

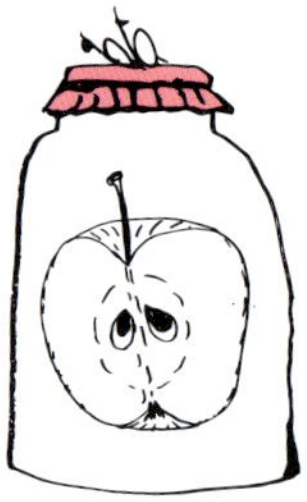

Für 4 Flaschen oder Gläser
à 500 ml oder 8 à 250 ml
Zubereitung: 30 Min.
Einkochen: 15 Min.

Obstpüree

Veilchen-Heidelbeer-Püree

* 500 g Bio-Heidelbeeren
* 80 g heller Rohrzucker
* Saft einer Zitrone
* 3 Tropfen Veilchenöl

Erdbeer-Vanille-Püree

* 500 g Bio-Erdbeeren
* 100 g Vanillezucker
* Saft einer Zitrone

Himbeer-Püree

* 500 g Bio-Himbeeren
* 100 g heller Rohrzucker

Mango-Limonen-Püree

* 500 g Bio-Mango (Fruchtfleisch)
* 50 g heller Rohrzucker
* Saft und Schale einer Limone

1 Die Flaschen oder Gläser reinigen, mit kochendem Wasser ausspülen und mit einem sauberen, trockenen Küchenhandtuch abtrocknen. Die roten Früchte vorsichtig waschen, und auf einem sauberen Tuch trocknen lassen. Entstielen und getrennt mit Zucker oder Zitrone pürieren, wie oben angegeben.

2 Das Heidelbeerpüree durch ein Sieb passieren und Veilchenöl zugeben. Eventuell auch das Himbeerpüree durch ein Sieb passieren. Das Mangofruchtfleisch mit dem Zucker, Limonensaft und –schale pürieren.

3 Die Pürees bis 1 cm unter den Rand in die Flaschen oder Gläser füllen und verschließen. 15 Minuten bei 100° C einkochen, im Wasser abkühlen lassen.

4 Die Pürees halten sich kühl und lichtgeschützt 6 Monate. Es ist herrlich, wenn man sie im Winter zu Joghurt, Quark oder Milchreis genießen kann... oder man nimmt sie als Basis für leckere Sorbets.

Hinweis: Stellen Sie selber Vanillezucker her. Geben Sie dafür 1 kg hellen Rohrzucker mit 2 aufgeschnittenen Vanilleschoten in ein Glas und verschließen Sie es gut. Lassen Sie den Zucker mindestens ein Woche ziehen und rühren Sie von Zeit zu Zeit um.

Für eine
Flasche à 500 ml
Zubereitung: 20 Min.
Kochen:
15 Min.

Ananassirup

* 1 Ananas
* 1 Vanilleschote
* 500 g Zucker

1 Die Ananas schälen und reiben. Das Fruchtfleisch mit 750 ml Wasser und der aufgeschnittenen und ausgekratzten Vanilleschote in einen Topf geben und 10 Minuten kochen lassen.

2 Filtern und den Saft auffangen. Den Zucker zum Saft geben und bei 110° C kochen lassen.

3 Eine fest verschließbare Flasche auskochen und den Sirup in die noch heiße Flasche füllen. Verschließen und abkühlen lassen. Kühl aufbewahren und innerhalb von 2 Monaten aufbrauchen.

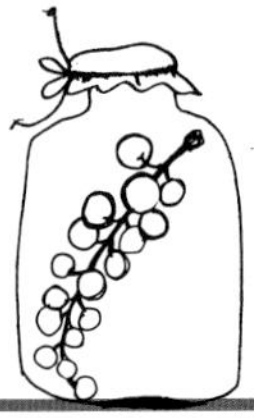

Traubensaft für den Winter

* 5 kg Muskat- oder Gutedeltrauben

1 Fest verschließbare Flaschen reinigen, mit kochendem Wasser ausspülen und mit einem sauberen, trockenen Küchenhandtuch abtrocknen.

2 Die Trauben waschen, trocknen und von den Stielen lösen. In einen Entsafter geben und den Saft auffangen. Der Entsafter ist dafür am besten geeignet, weil man reinen Saft ohne Fruchtfleisch, Schale oder Kerne erhält.

3 Den Saft in die Flaschen füllen, diese verschließen und 15 Minuten bei 100° C einkochen. Im Wasser abkühlen lassen und kühl und lichtgeschützt aufbewahren.

Hinweis: Den Saft gleich nach dem Entsaften der Trauben einkochen, damit er nicht oxydiert und seinen Geschmack verändert. Am besten keine Metallgegenstände (Löffel, Filter...), sondern solche aus Kunststoff verwenden.

Für
4 Flaschen à 1 l
Zubereitung: 10 Min.
Einkochen:
15 Min.

Für 3 Gläser à 500 ml
Zubereitung: 15 Min.
Kneten: 15 Min.
Ruhen: 2 Std. 40
Backen: 40 bis 45 Min.
Einkochen: 5 Min.

Kleine Rum-Savarins im Glas

* 1/2 Würfel Hefe
* 3 EL Milch + 50 ml
* 250 g Mehl
* 2 große Prisen Salz
* 1 gehäufter EL Zucker
* 3 Eier
* 80 g weiche Butter

Für den Sirup

* 2 Vanilleschoten
* 900 g Zucker
* 250 ml Rum

1 Die zerbröckelte Hefe in einer kleinen Schüssel mit der lauwarmen Milch verrühren und 10 Minuten ruhen lassen. Mehl, Salz und Zucker in die Schüssel der Küchenmaschine geben, aufgelöste Hefe zugeben und rühren. Eier zufügen und 5 Minuten weiterrühren. Anschließend Butter und restliche Milch zufügen und weitere 10 Minuten rühren.

2 Den Teig in eine große Schüssel geben, mit einem sauberen Küchentuch abdecken und 2 Stunden bei Zimmertemperatur ruhen lassen. Das Volumen sollte sich mindestens verdoppeln.

3 Inzwischen sechs kleine Förmchen einfetten. Den Sirup zubereiten. Dafür die Vanilleschoten längs aufschneiden und das Innere herauskratzen.

4 In einem Topf 1,5 l Wasser mit Zucker und den Vanilleschoten und deren Innerem zum Kochen bringen und 30 Minuten köcheln lassen, bis der Sirup eine gute Konsistenz hat. Abkühlen lassen und den Rum zufügen. Zur Seite stellen.

5 Wenn der Teig luftig ist, formen Sie ihn mit den Handflächen und geben ihn in die eingefetteten Förmchen. Nochmals 30 Minuten lang aufgehen lassen, dann den Ofen auf 190° C vorheizen.

6 Die Savarins für 10 bis 15 Min. im heißen Ofen backen, bis sie goldbraun sind. Anschließend abkühlen lassen.

7 Die Savarins in die trockenen, sauberen Einmachgläser legen und den Sirup darübergießen, so dass sie vollständig bedeckt sind. Die Gläser fest verschließen und 5 Minuten einkochen.

Für
eine Flasche à 1 l
Zubereitung: 10 Min.
Ziehen: 20 Tage

Limoncello nach Art des Hauses

* 500 g Bio-Zitronen (weder vor noch nach der Ernte behandelt)
* 500 ml Alkohol (90%)
* 500 g Zucker

1 Die Zitronen waschen, trocknen und mit einem Sparschäler die Schale entfernen. Die Schale in eine Flasche geben, den Alkohol zufügen. Die Flasche verschließen und den Inhalt lichtgeschützt 3 Wochen ziehen lassen.

2 Nach und nach wird die Schale ausbleichen und der Alkohol gelbe Farbe annehmen. Nach 3 Wochen den Alkohol filtern.

3 500 ml Wasser mit dem Zucker zu Sirup einkochen. Abkühlen lassen und den filtrierten Alkohol zufügen. Das ergibt 1 l Limoncello, den Sie gut verschlossen im Kühlschrank aufbewahren sollten, denn er wird kühl serviert. Der Limoncello hält sich 1 Jahr.

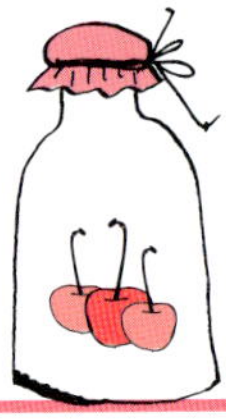

Kirschen in Alkohol

* 1 kg kleine, säuerliche Kirschen Sorte Montmorency
* 1 l Obstschnaps mit 40 % vol.
* 400 g heller Rohrzucker

1 Einmachgläser mit Gummiring in kochendem Wasser sterilisieren und umgedreht auf einem sauberen Küchenhandtuch trocknen lassen.

2 Die Kirschen waschen und trocknen. Die Stiele und Stielansätze 5 mm tief herausschneiden und die Gläser bis 2 cm unter den Rand mit Kirschen füllen.

3 Die Kirschen vollständig mit Alkohol bedecken und die Gläser verschließen. 6 Monate kühl und dunkel aufbewahren, dann etwa 100 g Zucker in jedes Glas dazugeben.

4 Bis zum Verzehr weitere 4 bis 6 Monate warten. Wenn Ihnen die Kirschen noch zu sauer sind, noch etwas Zucker zugeben. Die eingelegten Kirschen halten sich gut 2 bis 3 Jahre.

Hinweis: Damit sich die Kirschen gut halten, sollten sie reif und vollkommen unbeschädigt sein. Wenn Sie einen eigenen Kirschbaum haben, pflücken Sie sie reif und legen Sie sie schnell in Alkohol ein.

Wenn Sie den Alkohol noch aromatisieren möchten, geben Sie einen Thymian- oder Rosmarinzweig, ein paar Fenchelsamen oder kleine Muskatnussstücke hinein.

Für 4 Gläser
à 350 g
Zubereitung: 15 Min.
Ziehen:
10 bis 12 Monate

Französischer Kokospunsch

Für eine Flasche
à 1 l
Zubereitung:
15 Min.

* 350 ml gezuckerte Kondensmilch
* 350 ml Kokosmilch
* 300 ml weißer Martinique-Rum mit 50 % vol.
* 1/4 TL frisch gemahlener Zimt

1 Die gezuckerte Kondensmilch und die Kokosmilch mischen. Rum und Zimt zugeben und alles in eine Flasche füllen. Diese verschließen und in den Kühlschrank stellen.

2 Der Kokospunch hält sich im Kühlschrank bis zu 1 Monat.

Hinweis: Wählen Sie eine Kokosmilch, die nicht klebt und schön homogen bleibt.

Für eine Flasche à 1 l
Zubereitung: 15 Min.
Ziehen: 40 Tage

Hausgemachter Digestif

* 1 Bio-Orange
* 40 Kaffeebohnen
* 40 Zuckerwürfel
* 800 ml guter Obstschnaps

1 Die Orange abwaschen und trocknen. Die Kaffeebohnen in die Schale stecken, dafür mit einem spitzen Messer ein kleines Loch hineinbohren. Die gespickte Orange mit den Zuckerwürfeln und dem Obstschnaps in ein großes Einmachglas geben.

2 Das Glas gut verschließen und schütteln, dann an einem kühlen, dunklen Ort 40 Tage aufbewahren.

3 Danach den Alkohol filtern und in eine mit kochendem Wasser ausgekochte Flasche füllen.

Verbenenschnaps

Für eine Flasche à 1 l
Zubereitung: 10 Min.
Kochen: 5 Min.
Ziehen: 2 Wochen

* 100 g Zucker
* 500 ml Alkohol zum Einlegen von Obst mit 40 % vol.
* 4 schöne Verbenenzweige

1 Einen Sirup zubereiten. Dafür 300 ml Wasser mit Zucker in einem Topf mischen, bei milder Hitze erwärmen, Alkohol zugeben und zum Kochen bringen. Dann die gewaschenen und von den Stielen gezupften Verbenenblätter hineingeben.

2 Abkühlen lassen und in ein großes Glas füllen. 2 Wochen an einem kühlen und trockenen Ort aufbewahren.

3 Den Likör filtern und in eine mit kochendem Wasser ausgespülte Flasche füllen.

Genehmigte Lizenzausgabe für die **garant** Verlag GmbH,
Benzstraße 56, 71272 Renningen, Deutschland
www.garant-verlag.de

Deutsche Übersetzung: Dr. Katrin Korch, Baden-Baden

Satz: Martin Jablonka, Rastatt

Die Übersetzung des Titels wurde nach Vereinbarungen mit Larousse produziert.

ISBN: 978-3-7359-1055-4